Stefan Junker

Die Demokratie und du.

Die Fragen in diesem Buch sind die Antwort an meine Kinder, wenn sie irgendwann wissen wollen, was ich damals gemacht habe, als der Irrsinn in der Welt wieder einmal um sich griff.

Stefan Junker, Dr. phil., geboren 1975, studierte erst Mathematik und internationale Politik und wurde schließlich Diplom-Psychologe. Seit 2004 schult er Menschen darin, wie man sich vor Manipulation und Beeinflussung schützen kann. Als Wissenschaftler galt seine Leidenschaft Forschungen zu Hypnose und Suggestionen, wofür er 2005 mit dem Georg-Gottlob-Studienpreis für angewandte Psychologie ausgezeichnet wurde. Heute lebt und arbeitet er bei Heidelberg. Er berät politische Institutionen, Unternehmen und Organisationen in Fragen des Krisenmanagements. Daneben ist er als Psychotherapeut und Coach niedergelassen.

Stefan Junker

Die Demokratie und du.

Zukunft *frag*!ich

www.doktorjunker.de

Bibliografische Information der Deutschen Nationalbibliothek:
Die Deutsche Nationalbibliothek verzeichnet diese
Publikation in der Deutschen Nationalbibliografie;
detaillierte bibliografische Daten sind im Internet über
http://dnb.dnb.de abrufbar.

ISBN: 978-3-7431-8757-3

Inhalt

1. Einleitung

Die Welt ist in zunehmender Unordnung. Eine Krise jagt die nächste. Sie überlappen sich zunehmend, kopulieren mit dem Unerwarteten, gebären neue Krisen, viele, unzählige, zu viele, um mit ihnen fertig zu werden? Die demokratische, zivilisatorische Decke ist hauchdünn und durchscheinend geworden. Darunter mit verstörender Deutlichkeit zu erkennen: Kälte, Unmenschlichkeit, Abgründe, Chaos. Möglicherweise ist die Decke viel dünner, als es sich viele Menschen nach all den Jahrzehnten des Lebens in Freiheit und Frieden überhaupt vorstellen können, vielleicht auch vorstellen mögen.

Doch der Blick in die Gegenwart zeigt unmissverständlich: Die Demokratie befindet sich in Rückzugsgefechten mit ungewissem Ausgang. Freiheitliche Gesellschaftsordnungen westlicher Prägung geraten immer tiefer in die Krise. Laut Umfragen ist weniger als die Hälfte der jungen Europäer der Meinung, dass es wichtig sei, in einer Demokratie zu leben[1]. Populisten und Autokraten sind allerorten auf dem Vormarsch. Sie nehmen zunehmend Gehirne und Herzkammern der Demokratie in Besitz. Für alle, die weiter in einer freien, offenen Gesellschaft leben wollen, wird es Zeit, die Demokratie zu verteidigen. Dieses Buch will dabei helfen.

---

[1] http://www.worldvaluessurvey.org/wvs.jsp

Physiker messen Unordnung. Sie nennen sie „Entropie". Das klingt sachlich, hat nicht so viel Angstpotential wie der Begriff Chaos.

Für einen Physiker ist ein Glas auf einem Küchenregal eine ziemlich ordentliche Sache. Fällt es herunter und zerspringt in tausend Stücke, ist das recht unordentlich. Die Entropie hat zugenommen. Eine Unachtsamkeit, ein kleines Anrempeln, ein im falschen Moment ausgefahrener Ellenbogen - manchmal braucht es erschreckend wenig, um alte Ordnungen aufzulösen.

Ordnungen wieder aufzubauen verlangt hingegen hohen Energieeinsatz, viel mehr als nötig ist, alte Ordnungen zu zerschlagen. Dinge nur notdürftig zu kleben, falls überhaupt möglich, erzeugt nur neue Sollbruchstellen.

Dinge verwahrlosen, wenn man sie nicht achtsam pflegt. Ein Haus, um dessen Erhalt die Bewohner sich nicht kümmern, wird bald unbewohnbar. Schon nach wenigen Jahrzehnten zerfällt es völlig. Ein schützendes Heim verlangt Tatkraft - Pflege, Renovierung, vielleicht von Zeit zu Zeit sogar eine Kernsanierung. Ohne fortwährenden Energieeinsatz nimmt Entropie unweigerlich zu. Irgendwann ist nichts mehr da. Häuser hören auf zu existieren, wenn man sich nicht für ihren Erhalt engagiert. In unserem zeitlich begrenzten Erfahrungshorizont ist das jedoch kaum präsent. Denn was schon länger besteht, wird doch, bestimmt, auch morgen und übermorgen noch da sein. Oder etwa nicht?

Naturgesetze sind unbestechlich und gnadenlos konsequent.

Was ohne Energieeinsatz unweigerlich kommt, bezeichnen Physiker als „thermodynamisches Gleichgewicht" - ein eiskalter, gleichförmiger Teilchenbrei ohne jede Ordnung und haltgebende Struktur. Atomare Anarchie.

Ebenso verhält es sich mit der Demokratie. Sie ist kein „Perpetuum Mobile" - keine Maschine, die ohne Energiezufuhr immerfort von selbst läuft. Perpetuum Mobiles gibt es nicht, nicht in der Physik, und nicht in Gesellschaften. Sie sind eine Unmöglichkeit. Demokratie ist keine Einbahnstraße und auch kein einmal erreichter Zustand, dessen man sich sicher sein kann. Wir erleben es dieser Tage. Die liberale Demokratie steht unter massivem Beschuss und befindet sich in Rückzugsgefechten mit ungewissem Ausgang. Demokratie ist kein Ding, sondern ein fortlaufender Prozess, den es gilt am Laufen zu halten. Dafür braucht es die Beteiligung möglichst Vieler. Demokratie ist ein unermesslich wertvoller Schatz, der sich vor den Augen auflöst, wenn man sich seines Besitzes zu sicher ist.

Es wäre fahrlässig, die Pflege und Verteidigung der Demokratie ausschließlich Berufspolitikern und Schaudiskussionen in Talkshows zu überlassen. In der Demokratie ist das Volk der Souverän und kümmert sich gemeinsam um seine Belange, stellt Fragen, denkt nach, diskutiert und streitet, sucht

Kompromisse, findet Lösungen und handelt. Der Lohn dafür sind Freiheit und ein Leben in Würde.

Die Verantwortung für den Erhalt und die Weiterentwicklung der Demokratie trägt die gesamte Gesellschaft, nicht nur Politiker, Verfassungsorgane und Medien. Die Freiheit, in der wir leben wollen, können wir uns nur gegenseitig ermöglichen. Demokratie lässt sich nicht in Regierungszentralen wegdelegieren. Diskussionen der immer gleichen Köpfe vor laufenden Kameras ersetzen nicht den öffentlichen Diskurs - häufig befeuern sie nur die Wut der Abgehängten und Ausgegrenzten. Ansprachen charismatischer Demagogen ersetzen nicht das eigene Denken.

Das Anklicken von Like-it-Buttons ist noch kein Debattenbeitrag. Demokratie ist nichts, was auf einer Bühne stattfindet und vom Volk lediglich beobachtet und mit Beifall oder Buhrufen kommentiert wird. Demokratie, Freiheit und Menschenwürde sind etwas, das wir alle gemeinsam im Alltag durch unser Denken, Reden und Handeln herstellen.

Positive Veränderungen beginnen immer mit Fragen. Fragen die anregen, über die Demokratie, unsere Werte und unser Zusammenleben nachzudenken, zu diskutieren und entsprechend zu handeln. Offene Fragen kultivieren den Zweifel als hohes Gut. Endgültige Antworten hingegen sind schließend, beenden Diskussionen und das Nachdenken, töten den Zweifel und damit die Möglichkeit, Dinge auch anders sehen und bewerten zu können. Die Demokratie braucht das selbständige

Nachdenken und fortwährende Diskussionen. Die Demokratie, will sie wehrhaft sein, muss sich vor endgültigen Antworten schützen. Demokratische Antworten sind immer vorläufige Antworten, und demokratisches Handeln ist immer ein Tun mit Wiedervorlage-vermerk. Die Zukunft der Demokratie ist zweifelsfrei *frag*!ich.

Fragen können wie ein erhellendes Feuer in dunklen, kalten Nächten sein, um das man sich versammelt um Gemeinsamkeit und Zuversicht zu erleben. Eindeutige Antworten sind hingegen nur ein Suchtmittel mit rasch verpuffender Beruhigungswirkung. Fragen sind Einladungen für gedankliche Dehnungsübungen. Sie dienen der Vergewisserung mentaler Bewegungs- und tatsächlicher Handlungsfähigkeit. Fragen laden zu überraschenden Perspektivwechseln ein. Sie legen den Blick auf Abgründe frei und sezieren liebgewonnene Ansichten.

Fragen sind - das muss man klar sagen - nichts für Weicheier. Wer Diskussionen aus dem Wege gehen will, vermeintliche Sicherheit sucht und sich vor der Komplexität der Welt wegducken möchte, der sollte dieses Buch umgehend weglegen und sich lieber eines voll eindeutiger Antworten zulegen. Populisten, und sonstige Volksverführer verkaufen so etwas gerne. Auch der gut sortierte Buchhandel eines jeden autokratisch geführten Landes ist eine zuverlässige Fundstelle für Bücher mit Antworten - ohne jede Frage.

2. Anleitung

Liebe Leserin, lieber Leser. Wenn Sie wollen, dann gehen Sie die Fragen der Reihe nach durch, oder schauen Sie gezielt, welches Fragekapitel Sie besonders anspricht. Lassen Sie Ihre Augen locker über die Fragen hinweggleiten, bis Sie intuitiv irgendwo hängen bleiben. Oder überlassen Sie es schlicht dem Zufall, welche Sie wählen: Blättern Sie mit einer Hand durch das Buch und fahren Sie willkürlich an irgendeiner Stelle mit einem Finger der anderen Hand hinein.

Sie können die Fragen in diesem Buch auf unterschiedliche Art und Weise nutzen. Beispielsweise ganz für sich, im stillen Kämmerlein. Lesen Sie eine Frage und diskutieren Sie mit sich. Ergründen Sie sich, untersuchen Sie Ihr Verhältnis zur Demokratie und Ihre Auffassung von demokratischem Miteinander. Lass Sie sich von Ihren Reaktionen überraschen. Und treten Sie Konflikten mit sich selber, die durch die Fragen aufgeworfen werden könnten, entschlossen entgegen!

Sie können die Angelegenheit erweitern, in dem Sie das Buch zusammen mit anderen nutzen. Schauen Sie gemeinsam nach Fragen, über die Sie gerne miteinander diskutieren wollen, und auf die Sie die Reaktion der anderen testen möchten. Suchen Sie wechselseitig Fragen heraus, bei denen Sie vermuten, dass die anderen ähnlichen Ansichten vertreten. Überprüfen Sie diese Annahmen. Dann schauen Sie nach Fragen, bei denen Sie sehr unterschiedliche Meinungen, Ideen und Haltungen vermuten. Überprüfen Sie auch das, und starten Sie in die Diskussion!

Wenn Sie es kreativ und unkalkulierbar möchten und sich etwas trauen, dann kommen hier noch einige weitere, zugegebenermaßen unkonventionelle Anregungen, um mit anderen ins Gespräch zu kommen:

> Setzen Sie sich auf einen öffentlichen Platz. Basteln Sie sich ein Schild, auf dem sinngemäß steht: *»Ich habe Lust über die Demokratie zu reden. Sprechen Sie mich an!«* Legen Sie das Buch plakativ daneben. Warten Sie ab, was passiert.

> Machen Sie Urlaub am Mittelmeer und laden Sie andere Urlauber dazu ein, mit Ihnen und dem Büchlein Schlauchboot zu fahren und über demokratische Werte zu diskutieren.

> Überreden Sie den Wirt Ihres Lieblingslokals, statt des wöchentlichen Quizabends Diskussionsrunden über Demokratie, Freiheit und Gerechtigkeit zu veranstalten. Alle fünf Minuten wird eine neue Frage aufgerufen. Am Ende des Abends wird der Tisch gekürt, der die geistreichsten öffentlichen Redebeiträge beigesteuert hat.

Holen Sie das Fragenbuch aus der Tasche und zetteln Sie überall dort inspirierende Gespräche an, wo es Menschen gerade langweilig sein könnte: im Wartezimmer beim Arzt, am Abfluggate, in der Warteschlange auf dem Amt, im Altersheim, am Busbahnhof, in der Bahn.

Veranstalten Sie ein Demokratie-Speed-Dating. Fünf bis sieben Personen pro Geschlecht. Jeder sucht sich ein paar Fragen aus dem Buch heraus, über die er reden möchte. Dann geht's los: Jede Paarung darf sich 10-15 Minuten unterhalten, bis der Gong zum Partnerwechsel aufruft. So geht es reihum, bis jeder mit jedem diskutiert hat.

Kapern Sie Uniseminare, Vereinssitzungen, Teamgespräche oder gleich den Plenarsaal. Gönnen Sie sich Diskussion darüber, wie Sie die demokratischen Verhältnisse und die Möglichkeiten der Teilhabe bei sich in der Universität, im Verein, in der Stadt, im Land oder im Unternehmen erleben, und was Sie weiter verbessern könnten. Nutzen Sie die Fragen des Buches, um wunde Punkte und Optimierungspotential zu finden.

Wenn Ihr noch Schüler seid, dann erobert Schulstunden und redet über die Zukunft der Demokratie. Sie gehört euch.

Melden Sie eine Demonstration unter dem Label *»Miteinander streiten für die Demokratie«* an. Laden Sie alle Leute ein, die Sie erreichen können. Nutzen Sie soziale Netzwerke. Versammeln Sie sich an bedeutungsträchtigen Orten: Auf der Wiese vor dem Reichstag in Berlin oder direkt vor dem europäischen Parlament in Brüssel, auf dem Taksim-Platz in Istanbul oder dem Tahrir-Platz in Kairo, dem Trafalgar-Square in London, dem Roten Platz in Moskau, am Fuß der Freiheitsstatue in New York oder vor dem Trump-Tower. Nicht kleckern, für die Demokratie darf man ruhig klotzen. Bringen Sie einige Exemplare dieses Buches in Umlauf, um den Menschen Anregungen zum Diskutieren zu geben. Oder reißen Sie alle Seiten aus dem Buch heraus und verteilen Sie diese.

Und nun los.

3. Fragen zum Aufwärmen

1. Der frühere US-Präsident Abraham Lincoln definierte Demokratie als »*... die Regierung des Volkes durch das Volk für das Volk*«. Wie würden Sie Demokratie definieren?

____

____

____

____

2. Häufig wird ein „Demokratiedefizit" beklagt. Was denken Sie, woran man ein Demokratiedefizit erkennen könnte?

____

____

____

____

3. Vom ehemaligen dt. Bundeskanzler Willy Brandt ist der Ausspruch überliefert: »*Demokratie darf nicht so weit gehen, dass in der Familie darüber abgestimmt wird, wer der Vater ist.*« Gibt es also auch so etwas wie »Demokratieüberschuss«? Wenn ja, woran würden Sie ein Zuviel an Demokratie bemerken?

____

____

____

____

4. Was ist das „rechte Maß" an Demokratie, wie erkennt man es, wie bestimmt man es, wer legt es fest?

---

5. Welche Vorteile hat die Demokratie, und für wen?

---

6. Welche Nachteile hat die Demokratie? Welche Nachteile sind Sie gewillt zu akzeptieren? Wo tun Sie sich mit der Akzeptanz eher schwer?

---

7. Hat Demokratie ein konkretes Ziel? Wäre die Demokratie überflüssig, wenn sie ihr Ziel erreicht hätte?

---

8. Gibt es etwas, wofür Demokratien tendenziell blind sind? Wenn ja, für was und warum?

____

____

____

____

____

9. Ist es für die Bewahrung der Demokratie wichtiger, wie Dinge entschieden werden, oder das überhaupt entschieden wird?

____

____

____

____

____

10. _»Was man schon lange hat, weiß man nicht mehr zu schätzen«_, lautet eine nüchterne Ansicht. Braucht es gelegentliche Kriege, Totalitarismus, Diktatur und Elend, damit Gesellschaften die Demokratie wieder zu schätzen wissen? Was für Gedanken haben Sie dazu? Oder kann der Wert demokratischer Verhältnisse ohne eigene, schlimme und leibhaftige Erlebnisse gewahrt werden? Wenn ja, wie?

____

____

____

____

11. Nutzt sich Demokratie ab? Wenn ja, was sind die Abnutzungserscheinungen? Was denken Sie, könnte man dagegen tun?

____
____
____
____

12. Reicht es, bei Entscheidungen gegen etwas zu sein? Oder sollte man immer auch für etwas Anderes sein müssen? Darf man kritisieren, ohne konstruktive Gegenvorschläge zu haben?

____
____
____
____

13. Manche sagen, der Einfluss der Staatsform auf das individuelle Lebensglück des Einzelnen sei sehr gering und werde überschätzt. Vielmehr sei jeder einzelne seines Glückes Schmied. Andere sind der Auffassung, dass die Staatsform die Gesellschaft bis hin- zum einzelnen massiv im Fühlen, Denken und Handeln beeinflusse. Wie lautet Ihre Auffassung? Denken Sie, persönliches Glücksempfinden und Demokratie hängen zusammen? Wenn ja, wie?

____
____
____
____

14. Gras wächst nicht schneller, wenn man dran zieht, wird gelegentlich betont. Aber Gießen und Düngen solle helfen, wie man hört. Übertragen auf die Demokratie: Was sind Wachstumsbedingungen, die man gezielt fördern könnte, um demokratische Entwicklungen auf demokratischem Brachland anzuregen?

____

____

____

____

____

15. Ist die Demokratie eine unbedenkliche Sache oder ist an Demokratien auch etwas gefährlich?

____

____

____

____

____

16. *»Die Demokratie ist die schlechteste aller Staatsformen ...«,* hat der frühere britische Premierminister Winston Churchill einmal gesagt, *»... ausgenommen alle anderen«.* Was denken Sie über Churchills Worte?

____

____

____

____

4. Du und die Demokratie

1. Halten Sie sich für einen guten Demokraten? Wenn ja, woran machen Sie das fest? Wenn nein, warum nicht?

____

____

____

____

2. Wären Sie gerne ein (noch) besserer Demokrat? Wie könnten Sie das anstellen?

____

____

____

____

3. „Glauben" Sie an die Demokratie? Wenn ja, wie genau lautet Ihr „Glaubensbekenntnis"?

____

____

____

____

4. Was an der Demokratie irritiert Sie am meisten?

____

____

____

____

5. Was an der Demokratie ist Ihnen fremd? Möchten Sie es besser kennenlernen?

____

____

____

____

6. Was sind Ihrer Meinung nach die wichtigsten Werte der Demokratie?

____

____

____

____

7. Haben Sie demokratische Werte schon einmal missachtet? Wie kam es dazu? Wie haben Sie sich dabei gefühlt?

____

____

____

____

8. Welche ist Ihre undemokratischste Seite?

____

____

____

____

9. Gibt es etwas, das Sie der Demokratie übelnehmen? Dinge die Sie nerven? Was Sie lächerlich finden?

____

____

____

____

10. Wofür sind Sie den (wenn auch möglicherweise mangelhaften) demokratischen Verhältnissen um sich herum dankbar?

____

____

____

____

11. Gibt es Aspekte in Ihrem Staatsverständnis, die Ihnen selbst nicht geheuer sind?

____

____

____

____

12. Was vermuten Sie: Liegt die demokratischste Zeit Ihres Lebens schon hinter Ihnen? Kommt sie noch?

____

____

____

____

13. Welches politische Ereignis hat Sie am meisten enttäuscht? Was genau hat Sie enttäuscht?

____

____

____

____

14. Gibt es Personen, die Ihr Demokratieverständnis maßgeblich beeinflusst haben? Welche Menschen waren das, und welcher Art war der Einfluss?

____

____

____

____

15. Wenn Sie die Botschaft, die Sie zu Hause über die Demokratie vermittelt bekommen haben, in einem Satz zusammenfassen würden: Wie würde dieser lauten?

____

____

____

____

16. Demokratieerziehung: Was haben Ihre Eltern gut gemacht, was eher nicht? Und was Ihre Lehrer?

____

____

____

____

17. Welche Botschaft würden Sie der heutigen Jugend gerne über die Demokratie mitgeben?

____

____

____

____

____

18. Wenn Sie eine Zwischenbilanz Ihres Lebens als Staatsbürger und Demokrat ziehen würden: Wie würde sie lauten?

____

____

____

____

____

19. Wenn Sie am Ende Ihrer Tage auf Ihr Leben als Staatsbürger zurückblicken würden: Welches Fazit würden Sie dann gerne über sich selber ziehen?

____

____

____

____

____

20. Wie zufrieden sind Sie mit dem gegenwärtigen Zustand der Demokratie in der westlichen Welt? In Europa? In Ihrem Land? In Ihrer Familie? Wie und in welcher Hinsicht würden Sie die entsprechenden Verhältnisse gerne ändern?

____

____

____

____

____

____

21. Vergleichen Sie den Beginn Ihres Daseins als Staatsbürger mit heute: Wie hat sich die Demokratie seitdem entwickelt? Was hat sie hinzugewonnen? Was verloren?

____

____

____

____

____

22. Wie würden Sie Ihre aktuelle politische Einstellung in drei Sätzen beschreiben?

____

____

____

____

23. Wie erklären Sie sich Ihre politische Einstellung? Wie ist sie entstanden?

____

____

____

____

24. Welche Meinung haben Sie zu verschiedenen politischen Themen (z.B. Asyl, Klima, Energie, Wirtschaft, Rente, Bildung, Gesundheit, Verteidigung, Geheimdienste, etc.)?

____

____

____

____

25. Wie gut kennt Ihr Umfeld Ihre politischen Einstellungen?

____

____

____

____

26. Verbergen Sie Teile Ihrer Einstellungen bewusst vor anderen? Wenn ja was und wozu?

____

____

____

____

27. Welche Vorurteile haben Sie? Was könnten Sie
tun, um diese abzubauen?

---

5. Offenheit und Humor

1. Sind Sie bereit, über sich selber zu lachen? Fangen Sie doch gleich damit an: Was ist komisch an Ihnen? Absurd? Töricht? Lächerlich? Witzig?

____

____

____

____

____

2. Inwieweit gelingt es Ihnen, mit Anstand über andere zu lachen? Sich über andere und ihre Ansichten deftig aber mit Respekt lustig zu machen?

____

____

____

____

____

3. Welche Ihrer Weltanschauungen und politischen Einstellungen finden Sie seltsam, befremdlich oder schräg?

____

____

____

____

____

4. In welcher Hinsicht sind Sie engstirnig?

____

____

____

____

5. Wenn Sie sich und Ihre politischen Ansichten durch den Kakao ziehen wollten: Wie würden Sie das machen?

____

____

____

____

6. Bei welchen gesellschaftlichen Themen tragen Sie gerne Scheuklappen? Eine rosarote oder graue Brille?

____

____

____

____

7. Welches sind die wunden Punkte Ihrer Weltanschauung und politischen Ansichten? Wie könnten Sie sich so richtig schön selber triezen, ärgern und aus der Fassung bringen? Mach Sie mal!

____

____

____

____

6. Redekultur

1. Wenn Sie mit anderen Menschen leibhaftig über die Demokratie reden, sich austauschen, diskutieren wollten: Wie könnten Sie das anstellen? Wo würden Sie hingehen? Wen würden Sie ansprechen?

2. Fällt es Ihnen schwer, den Mund zu halten, wenn andere an der Reihe sind zu reden und womöglich konträre Meinungen zu Ihrer vertreten? Wenn ja, was hilft Ihnen dabei abzuwarten, bis Sie dran sind?

3. Haben Sie Rede- oder Diskussionshemmungen, die Sie gerne überwinden möchten? Wenn ja, was könnte Ihnen dabei helfen?

4. Vom früheren britischen Premierminister Clement Attlee stammt die Aussage *»Demokratie [ist] eine Regierungsform, die freie Diskussion voraussetzt, doch ist dies nur erreichbar, wenn die Leute aufhören zu quatschen.«*
Nun zu Ihnen: Können Sie Ihre Standpunkte souverän auf den Punkt bringen? Reden Sie lieber um den heißen Brei herum? Sind Sie weitschweifig und verlieren gelegentlich den roten Faden?

____

____

____

____

5. Diskutieren Sie gerne um des Diskutieren willens? Oder nur, wenn Ihnen eine Sache inhaltlich am Herzen liegt?

____

____

____

____

6. Haben Sie schon einmal mit Fundamentalisten diskutiert? Beispielsweise Linksradikalen? Rechtsradikalen? Religiösen Extremisten? Welche Erfahrungen haben Sie dabei gemacht?

____

____

____

____

7. Denken Sie, es gibt Dinge, über die man in einer Demokratie nicht diskutieren sollte? Wenn ja, was und warum? Wenn nein, warum nicht?

____

____

____

____

____

____

____

____

7. Demokratisches Handeln

1. Können Sie sich an Ihr erstes Mal wählen erinnern? Wie war das für Sie?

____

____

____

____

____

2. Sind Sie schon einmal bewusst nicht zu einer Wahl gegangen? Wenn ja, warum? Wie ging es Ihnen im Anschluss mit dem Wahlergebnis?

____

____

____

____

____

3. Finden Sie, dass Nichtwählen für etwas gut sein könnte? Sollte man es fördern?

____

____

____

____

____

4. Oder ist Nichtwählen schädlich für die Demokratie? Sollte man es bestrafen? Wenn ja wie?

____

____

____

____

____

5. Haben Sie sich durch anstehende Wahlen schon einmal bedrängt gefühlt? Wenn ja: Was genau fanden Sie bedrängend?

____

____

____

____

____

6. Wenn es der Fortbestand der Demokratie zwingend erfordern würde, dass sich jeder Bürger einen Tag in der Woche kostenlos für Belange des Gemeinwohls engagieren müsste: Wie würden Sie sich engagieren? Würden Sie versuchen, sich zu drücken?

____

____

____

____

7. Sind Sie schon einmal für etwas auf die Straße gegangen? Wenn ja, für was? Wenn nein, was müsste passieren, damit Sie auf die Straße gehen? Was wäre es Ihnen heute am ehesten wert, dafür zu demonstrieren?

____

____

____

____

____

____

8. Welche Ideen, Impulse oder Werte würden Sie gerne in die Gesellschaft einbringen? Was könnte ein nächster Schritt dafür sein?

____

____

____

____

____

9. Kenne Sie „Ihren" / „Ihre" Abgeordnete(n)? Kennt er / sie Sie?

____

____

____

____

____

10. Haben Sie schon einmal versucht, Ihren Volksvertretern direkt zu vermitteln, was Sie sich von
ihnen wünschen? Was Ihnen Angst macht? Wie sie
ihren Job als Ihr Repräsentant möglichst gut machen
können?

11. Man könnte die Ansicht vertreten, dass ein
Demokrat erst dann ein wirklicher Demokrat ist,
wenn er es durch seine Taten bewiesen hat. Sollten
Sie dem zustimmen: Mit welchen Taten haben Sie
bewiesen, dass Sie ein echter Demokrat sind? Mit
welchen Taten könnten Sie es in Zukunft beweisen?

12. Gibt es etwas in Ihrem Leben, was Sie dank
Abstimmungen erreicht haben? Gibt es etwas, das Sie
erreicht haben, weil Sie Abstimmungen bewusst
umgangen sind?

13. Wie möchten Sie in Zukunft leben? In was für einer Gesellschaft? Welche Werte sind Ihnen wichtig? Was sind Sie bereit, dafür zu tun?

____

____

____

____

____

____

____

8. Wählen

1. Können Sie sich Umstände vorstellen, die dazu führen sollten, dass einem Menschen das Wahlrecht entzogen wird? Wenn ja, welche?

____

____

____

____

____

2. Sollte das Wahlrecht an eine Art „Reifeprüfung für Wähler" gekoppelt sein? Wenn ja, wie könnte die aussehen? Wenn nein, wieso nicht?

____

____

____

____

____

3. Sollten Intelligenz, der Bildungsgrad oder andere Eigenschaften eines Menschen Einfluss auf die Gewichtung seiner Stimme bei Wahlen haben? Wenn ja, warum? Wenn nein, warum nicht?

____

____

____

____

____

4. Ab welchem Alter sollte ein Mensch Ihrer Meinung nach wählen dürfen? Warum?

____

____

____

____

5. In der Demokratie gilt üblicherweise *»one man one vote«*, die Stimme aller Menschen zählt gleich. Kinder und Jugendliche dürfen jedoch in der Regel nicht wählen. Was denken Sie: Sollten Eltern für ihre Kinder abstimmen und ihnen somit eine Stimme verleihen dürfen?

____

____

____

____

6. Je höher das Lebensalter, desto kürzer der Zeitraum, in der Menschen die Folgen ihrer Wahlentscheidungen noch erleben. Einige Stimmen befürchten, dass es den Wahlentscheidungen Älterer somit an Nachhaltigkeit und Weitsicht mangeln könnte. Eine radikale Forderung lautet deshalb, das Gewicht einer Wahlstimme mit zunehmendem Alter zu vermindern. Was denken Sie darüber?

____

____

____

____

7. Was denken Sie, welche Folgen es hätte, wenn man sein Recht zu wählen auf andere übertragen könnte?

____

____

____

____

8. In den letzten Jahrzehnten haben wirtschaftsliberale Ansichten die Globalisierung geprägt. Neoliberale Gedanken haben viele Gesellschaftsbereiche regelrecht umgekrempelt. Was denken Sie würde passieren, wenn es irgendwann auch einen freien Markt für Wahlstimmen geben würde? Das Recht zu wählen offiziell gekauft und verkauft werden könnte?

____

____

____

____

____

9. In einer Demokratie darf man auch über Dinge mit abstimmen, die man gar nicht versteht. Was denken Sie darüber?

____

____

____

____

____

10. Es ist sehr gut belegt, dass Umfragen und Wahlprognosen das Wahlverhalten beeinflussen. Was soll man mit diesem Befund anstellen? Wie könnte man dem im Sinne der Demokratie möglichst gut Rechnung tragen?

____

____

____

____

11. Wenn Sie das Wahlrecht in beliebiger Weise ändern könnten: Würden Sie es ändern, und wenn ja wie?

____

____

____

____

12. Sich informieren, eine Meinung bilden, engagieren und einbringen, unterschiedliche Perspektiven einnehmen, diskutieren und argumentieren – Demokratie kann anstrengend sein. Denken Sie, man sollte deshalb die Möglichkeit haben, hin und wieder Ferien von sich selbst als demokratischem Staatsbürger nehmen zu können? Wenn ja, wie könnten solche Ferien dann aussehen? Wenn nein, warum nicht?

____

____

____

____

13. Wie groß muss eine Wahlbeteiligung Ihrer Meinung nach sein, damit das Ergebnis als legitim angesehen werden kann? Wie soll man damit umgehen, wenn die notwendige Wahlbeteiligung nicht erreicht wurde und auch bei Wahlwiederholungen nicht erreicht wird?

____

____

____

____

____

____

____

____

14. Braucht es Wahlen überhaupt, um den Volkswillen in praktische Politik umzusetzen? Oder sind Ihnen auch andere Prozeduren denkbar?

____

____

____

____

____

____

____

____

9. Mehrheiten und Minderheiten

1. *»Demokratie ist die Notwendigkeit, sich gelegentlich den Ansichten anderer Leute zu beugen«* lautet ein Zitat von Winston Churchill. Wie gut gelingt es Ihnen, sich dem Willen von Mehrheiten unterzuordnen? Was hilft Ihnen dabei, Mehrheitsentscheide zu akzeptieren? Wann fällt es Ihnen eher schwer?

____

____

____

____

____

____

2. Wenn ein Drittel der Familie immer Krimis im TV sehen will, und zwei Drittel immer Zeichentrickserien, dann würden einfache Abstimmungen dazu führen, dass immer nur Zeichentrick geschaut wird. Wäre eine solche familiäre Basisdemokratie gerecht? Sind einfache Abstimmungen auch immer demokratisch? Was denken Sie?

____

____

____

____

____

3. Wenn sieben Füchse und drei Hasen darüber abstimmen, was es zu Mittagessen gibt, ist das dann demokratisch? Wie lassen sich Demokratie und Minderheitenrechte miteinander vereinen?

____

____

____

____

____

4. Was dürfen Mehrheiten Minderheiten mit ihren Entscheidungen alles zumuten? Wo sehen Sie die Grenzen?

____

____

____

____

____

5. Wie können die Interessen von Minderheiten gewahrt werden?

____

____

____

____

____

6. Wie hoch dürfen die gesellschaftlichen, moralischen und ökonomischen Kosten von Mehrheitsentscheidungen sein?

____

____

____

____

____

____

7. Wie unvernünftig darf die Mehrheit in einer Demokratie sein? Wie töricht dürfen Mehrheitsentscheidungen sein, ohne dass die Demokratie in Gefahr gerät? Zugespitzt: Kann oder darf eine Mehrheit „dümmer" sein, als es die Demokratie erlaubt?

____

____

____

____

____

____

8. Dürfen demokratische Mehrheiten per Abstimmung die Demokratie abschaffen?

____

____

____

____

____

9. Wenn eine Demokratie per Abstimmung abgeschafft und eine Diktatur eingeführt würde: Wäre das dann eine demokratische Diktatur? Würde eine solche Diktatur einen Unterschied machen zu einer, die durch Intrige, Gewalt und gegen demokratische Mehrheiten eingeführt würde?

____

____

____

____

____

____

____

____

10. Ein Ausspruch sagt, dass ein gerechter Kompromiss daran zu erkennen sei, dass alle Beteiligten gleichermaßen unzufrieden sind. Kompromisse werden mal als Willensschwäche, Mittelmaß oder unbefriedigender kleinster Nenner ausgelegt, mal als integrative Kraft und echte Weisheit. Was halten Sie von Kompromissen?

____

____

____

____

____

____

____

10. Repräsentative Demokratie

1. In der repräsentativen Demokratie verleihen die Bürger den von ihnen gewählten Repräsentanten Macht auf Zeit. Dadurch bekennt sich der Souverän, gewissermaßen, bis zur nächsten Wahl als ohnmächtig, als ohne Macht. Was denken Sie über dieses Prinzip?

____

____

____

____

____

____

____

2. Sollte ein Parlament hinsichtlich Geschlechtern, beruflichem und sozialen Hintergrund, Alter, etc. ein möglichst genaues Abbild der Bevölkerung sein? Welche Argumente für und gegen diese Ansicht fallen Ihnen ein?

____

____

____

____

____

____

3. In parlamentarischen Demokratien stimmen Volksvertreter ab. In direkten Demokratien stimmt das Volk selbst über wichtige Angelegenheiten ab. Parlamentarier genießen Immunität vor Strafverfolgung. In Ländern mit vielen Elementen direkter Demokratie genießt jedoch nicht das ganze Volk Immunität. Was denken Sie über politische Immunität?

____

____

____

____

____

____

____

4. Der irische Autor George Bernrad Shaw hat einmal geschrieben *»Demokratie ist ein Verfahren, das garantiert, dass wir nicht besser regiert werden, als wir es verdienen.«* Wäre es somit undemokratisch, wenn die Regierenden weiser denken und handeln, als es die Bevölkerung tut? Was denken Sie darüber?

____

____

____

____

____

____

5. Politiker treffen weitreichende Entscheidungen für die gesamte Bevölkerung. Was denken Sie: Wer ist verantwortlich für die Folgen ihrer Entscheidungen? Die Politiker, die Wähler jener Politiker oder alle Bürger?

____

____

____

____

____

6. Sollte ein Politiker eine besondere Ausbildung haben? Wenn nein, warum nicht? Wenn ja, was für eine? Was spricht Ihrer Meinung nach dafür, dass Abgeordnete Berufspolitiker sein sollten? Was dagegen?

____

____

____

____

____

7. Sollten Politiker eher Fachleute in ihrem Ressort (Finanzen, Sicherheit, Justiz...) oder Fachleute für die Ausübung von Macht sein?

____

____

____

____

____

8. Sollte ein Volksvertreter besondere charakterliche Voraussetzungen erfüllen? Sollte er ein besserer Mensch sein? Oder ein Spiegelbild der Bevölkerung?

9. Wie sähe für Sie der perfekte Politiker aus? Wer kommt dem am nächsten? Von wem würden Sie sich wünschen, dass er / sie für eine Zeit in die Politik gehen würde? Warum gerade er / sie?

10. Unter uns: Hätten Sie das Zeug zum Politiker? Was muss ein Politiker haben, was Sie nicht haben? Was haben Sie, was ein Politiker haben sollte?

11. Reicht es, wenn sich Bewerber für politische Ämter zur Verfassung bekennen? Oder sollten sie einer darüber hinausgehenden Gesinnungsprüfung unterzogen werden? Wie sehen Sie das?

____

____

____

____

12. Als Reaktion auf, sagen wir, recht „außergewöhnliche" Präsidentschaftskandidaten, werden vielerorts Überlegungen angestellt, wie man die Bevölkerung vor der selbstverschuldeten Wahl menschlich, fachlich und persönlich völlig ungeeigneter Anwärter schützen könnte. Was halten Sie von dem Vorstoß, Bewerber auf politische Ämter einem „Idiotentests" zu unterziehen? Was spricht eher dafür, was dagegen?

____

____

____

____

13. Meinen Sie, man sollte Bürgern besser keine direkten, eigenen, intelligenten Entscheidungen zutrauen? Was spricht eher für repräsentative Demokratie, was gegen sie?

____

____

____

____

14. Grundvoraussetzung der repräsentativen Demokratie ist es, dass die Volksvertreter vom Volk als rechtmäßige Vertreter akzeptiert werden. Das scheint dieser Tage immer weniger der Fall zu sein. Politiker sehen sich dem Vorwurf ausgesetzt, häufig nur auf den eigenen Vorteil aus zu sein. Politologen sprechen bereits von einer „Legitimationskrise" der repäsentativen Demokratie. Was könnte man Ihrer Meinung tun, damit Volksvertreter möglichst als uneingeschränkt rechtmäßige Vertreter des Volkes angesehen werden? Wie könnten Strukturen aussehen, die das gewährleisten?

____

____

____

____

____

____

____

11. Direkte Demokratie

1. Ist eine Gesellschaft umso demokratischer, je mehr Fragen sie ihren Bürgern zur Abstimmung vorlegt?

2. Ist jede Entscheidung des Souveräns eine souveräne Entscheidung?

3. Welche Vorteile haben demokratische Entscheide durch Volksabstimmungen Ihrer Meinung nach? Welche Nachteile?

4. Was sollte auf jeden Fall direkt vom Volk bestimmt werden, was auf keinen Fall?

____

____

____

____

____

5. „Schwarmintelligenz" ist ein Begriff, der darauf verweist, dass große Gruppen als Ganzes intelligentes Verhalten zeigen können, losgelöst vom einzelnen Individuum. Was meinen Sie: Besitzt das Volk eine Art „Schwarmintelligenz", die durch direkte Befragungen abgerufen und genutzt werden kann? Kann das Volk auch „schwarmdumm" sein?

____

____

____

____

____

6. Sind direkte Volksentscheidungen, deren Ergebnis die Stabilität der Verhältnisse ins Wanken bringen könnte, und die in einem irrationalen, emotional aufgeheizt Klima stattfinden, auch demokratisch?

____

____

____

____

____

7. Es gibt das psychologische Phänomen der „Entscheidungsermüdung". Je mehr Entscheidungen man Menschen in kurzer Zeit abverlangt, umso entscheidungsunfreudiger werden sie. Würden weitreichende direkte Demokratieelemente die Erschöpfung der Bürger befördern? Kann Freiheit die Menschen überfordern? Ist die direkte Demokratie dann sozusagen ein Burnout-Katalysator? Ein Risiko für die psychische Gesundheit?

____

____

____

____

____

8. Wer sich entscheiden muss, wohin er in Urlaub fährt, wird sich eingehender mit konkreten Urlaubszielen beschäftigen. Wer diese Entscheidung nicht zu fällen hat, wird sich kaum informieren. Von dieser Überlegung ausgehend: Könnte es sein, dass Volksabstimmungen dazu führen, dass die Bürger sich mehr über ihre Belange informieren? Steigern Volksabstimmungen und Bürgerentscheide die Identifikation mit der Demokratie? Wie schätzen Sie das ein?

____

____

____

____

____

9. Vom deutschen Publizisten Kurt Tucholsky stammt der Satz: *»Das Volk versteht das meiste falsch; aber es fühlt das meiste richtig.«* Was denken Sie über diesen Satz? Was würde dies Ihrer Meinung nach für direkte Abstimmungen durch das Volk bedeuten?

____

____

____

____

____

____

10. Die Ergebnisse von Volksabstimmungen sind verbindlich. Volksbefragungen sind hingegen lediglich unverbindliche Konsultationen der Bevölkerung. Nehmen wir an, bei einer Volksbefragung würde eine eindeutige Meinung der Bevölkerung zu einem Thema herauskommen, die Regierung oder das Parlament würde aber dennoch anderweitig entscheiden. Wie würde es Ihnen damit gehen? Was denken Sie, was das für die Beziehung Volk - Politiker für Folgen hätte? Sollte es besser nur verbindliche Volksentscheide geben?

____

____

____

____

____

____

11. Volksbefragungen gelten als aufwendig und sind nicht bindend. Durch repräsentative Umfragen ließe sich die Meinung der Bevölkerung zu einem Thema viel rascher und weitaus günstiger erfassen. Können Sie Argumente finden, die dennoch für die Durchführung von Volksbefragungen sprechen würden?

____

____

____

____

____

12. Wie viel direkte, kurzfristige Mitsprache der Bürger kann sich ein Staat leisten, der auf langfristige Stabilität bedacht ist?

____

____

____

____

____

13. Wünschen Sie sich mehr oder weniger direkte Demokratie? Wenn ja, warum?

____

____

____

____

____

14. Im Gegensatz zu reinen Volksabstimmungen fordern Vertreter sogenannter „deliberativer" Demokratieansätze die Beteiligung der Bürger an Diskussions- und Beratungsprozessen, die den tatsächlichen Entscheidungen vorausgehen. Denn auch Plebiszite würden die Bürger nur zu Stimmvieh degradieren und lediglich aufzeigen, was die Leute denken, wenn sie nicht denken. Die Beschäftigung mit Sachverhalten, die Beratung mit anderen Bürgern und Experten, sowie die Erörterung von Argumenten würden die Bürger hingegen zu kompetenten Gestaltern ihrer eigenen Belange machen. Laut dem amerikanischen Politologen James Fishkin würden deliberative Abstimmungen zeigen, was die Bürger denken, wenn Sie die tatsächliche Gelegenheit bekämen nachzudenken. Was meinen Sie?

12. Gerechtigkeit

1. Für die Stabilität einer Demokratie ist es wesentlich, dass die Gesellschaft die herrschenden Verhältnisse als gerecht erlebt. Was denken Sie: Wie viel Ungerechtigkeit verträgt die Demokratie?

____

____

____

____

2. Für wie viel soziale Gerechtigkeit muss ein Staat sorgen, damit die Demokratie dauerhaft funktionieren kann?

____

____

____

____

3. Ist es gerechter, wenn ein Staat dafür sorgt, dass alle das Gleiche bekommen? Oder ist es gerechter, wenn angestrebt wird, dass es allen gleich gut geht, selbst wenn einige keinerlei Zuwendungen von der Solidargemeinschaft bekommen, andere dagegen sehr viel?

____

____

____

____

4. Wird ein Gemeinwesen, dass sich durch immer mehr und komplexere Regelungen bemüht besonders gerecht zu sein, tatsächlich als immer gerechter wahrgenommen? Oder gibt es eine Art „Sättigungspunkt", von dem an weitere Bemühungen um Gerechtigkeit nicht zu mehr gefühlter Gerechtigkeit führen? Was denken Sie?

____

____

____

____

5. Rechtsstaatlichkeit ist ein wichtiges Merkmal der Demokratie. Ist Rechtsstaatlichkeit Ihrer Meinung nach das gleiche wie Gerechtigkeit? Wenn nicht, worin sehen Sie Unterschiede?

____

____

____

____

6. Manche demokratischen Entscheidungen betreffen vorwiegend einen Teil der Bevölkerung. Mitentscheiden dürfen gleichwohl alle Wahlberechtigten. Wie soll man Ihrer Meinung nach mit solchen Entscheidungssituationen umgehen?

____

____

____

____

7. Wieviel Schulden dürfen Gesellschaften bei zukünftigen Generationen machen? Welche Art Schulden sind Ihrer Meinung nach legitim, welche nicht?

____

____

____

____

8. Wie könnte ein Nachhaltigkeits-TÜV für demokratische Entscheidungen aussehen?

____

____

____

____

9. Wie könnte es gelingen, Generationengerechtigkeit herzustellen?

____

____

____

____

10. Wie viel Ungerechtigkeit muss eine demokratische Gesellschaft ertragen? Wie viel kann sie ertragen?

____

____

____

____

11. Gerechtigkeit ist ein Wert, Demokratie ist es auch. Lassen sich beide immer vollumfänglich leben und in Übereinkunft bringen? Oder stehen sie sich gelegentlich auch entgegen? Wenn manche Situationen nur auflösbar sind, wenn einem Wert eine höhere Priorität gegeben wird: Sollen dann Ihrer Meinung nach demokratische Prinzipien die Leitlinie des Handelns bilden, oder Gerechtigkeitsprinzipien?

13. Freiheit

1. Kann Freiheit eine Zumutung sein? Wie viel Freiheit darf, wie viel muss die Demokratie den Menschen zumuten? Oder sollte man in einer Demokratie auch frei entscheiden können, unfrei leben zu wollen?

---

2. Manche Wissenschaftler behaupten, nicht unwiedersprochen durch andere, dass der freie Wille nichts als eine Illusion sei. Ergeben Wahlen und die Demokratie als ganzes dann überhaupt einen Sinn?

---

3. Wo liegt das rechte Maß zwischen einerseits Sicherheit und Überwachung, sowie andererseits Freiheit für Sie? Welche Risiken sind Sie bereit zu akzeptieren? Welche eher nicht?

---

4. Wenn Sie nur eins bekommen könnten, Freiheit oder Sicherheit, was würden Sie wählen? Warum?

____

____

____

____

____

5. Sagen und schreiben Sie nicht alles, was Sie denken, weil Sie befürchten, Dritte könnten mitlesen oder hören? Haben Sie eine „Schere im Kopf", mit der Sie sich selbst zensieren?

____

____

____

____

____

6. Manche Innen- und Verteidigungspolitiker reagieren bei akuten Ängsten der Bürger gerne mit dem Ruf nach mehr Sicherheit durch Polizei, Geheimdienst, Militär. Andere mahnen, dass freie, offene Gesellschaften mit einem gewissen Maß an Unsicherheit leben müssen. Was meinen Sie?

____

____

____

____

____

7. Was denken Sie: Kann die infektiöse Ausbreitung von Angst im Angesicht von Terrorismus, Krisen und Migration das Ende einer offenen, demokratischen Gesellschaft bedeuten? Wenn Demokratien drohen, sich aus Angst ihrer Bürger selbst abzuschaffen, wie kann man dem vorbeugen?

____

____

____

____

____

8. Darf Freiheit jemals aufhören? Wenn ja, wo?

____

____

____

____

____

9. Müssen Demokratien intolerant gegenüber Intoleranz sein? Wenn ja, in welcher Hinsicht? Wenn nein, warum nicht?

____

____

____

____

____

10. Ist eine Gesellschaft, die für alles offen ist, nicht mehr ganz dicht? Oder ist das erstrebenswert? Was denken Sie?

____

____

____

____

11. Haben Sie es schon einmal genossen, unfrei zu sein? Völlig von den Einschätzungen, Entscheidungen und Handlungen anderer abhängig zu sein? Darauf zu vertrauen, dass das alles schon seine Richtigkeit haben wird, wie andere die Dinge sehen und bewerten?

____

____

____

____

____

12. _»Freiheit ist immer die Freiheit der Andersdenkenden«_, hat die deutsch-polnische Ikone der Arbeiterbewegung Rosa Luxemburg geschrieben. Was denken Sie darüber?

____

____

____

____

____

13. In der Demokratie steht die Freiheit der einen immer im Widerstreit mit der Freiheit anderer. Die Freiheit der Raucher gegen die der Nichtraucher, die Freiheit von Arbeitgebern gegen die von Arbeitnehmern, usw. . Freiheiten erzeugen die immer wiederkehrende Notwendigkeit, diese gegen andere Freiheiten abzugrenzen. Das kann ganz schön anstrengend sein. Ist es Ihrer Meinung nach die Anstrengung immer wert? Oder können Sie sich Fälle vorstellen, wo Freiheiten von vorneherein durch die Obrigkeit eingeschränkt sein sollte?

____

____

____

____

____

14. Winston Churchill: »*Die Freiheit der Rede hat den Nachteil, dass immer wieder Dummes, Hässliches und Bösartiges gesagt wird. Wenn wir aber alles in allem nehmen, sind wir doch eher bereit, uns damit abzufinden, als sie abzuschaffen.*« - Meinungsfreiheit ist unbestritten ein hohes Gut in der Demokratie. Finden Sie, es sollte trotzdem nicht alles gesagt werden dürfen? Was denken Sie über die Freiheit der Rede?

____

____

____

____

____

15. Manche Menschen vertreten die Ansicht, dass es ein Ausdruck von Freiheit ist, Waffen tragen zu dürfen. Wie vertragen sich Demokratie und liberales Waffenrecht Ihrer Meinung nach?

____

____

____

____

____

16. Nehmen wir an, es gäbe ein sehr liberales Waffenrecht. Sie müssten immer und überall davon ausgehen, dass Ihr Gegenüber wahrscheinlich bewaffnet ist. Würde dies die Art und Weise, wie Sie mit ihm reden, diskutieren und streiten, verändern?

____

____

____

____

17. Würde es Ihre Diskussionskultur verändern, wenn Sie selbst eine Waffe tragen würden? Wenn ja, inwiefern?

____

____

____

____

18. Es gibt die Ansicht, dass alles erlaubt sein sollte, worüber die Beteiligten sich einig sind. Können Sie sich dem anschließen? Oder denken Sie, dass manche Sachen verboten sein sollten, selbst wenn alle Beteiligten sich darauf verständigt haben? Wenn ja, was?

____

____

____

____

19. Platon gab vor 2400 Jahren zu bedenken: *»Aus der Demokratie entwickelt sich, wenn Freiheit im Übermaß bewilligt wird, die Tyrannei. ... Schließlich tolerieren die Bürger keine Art von Autorität und Gesetz, geschrieben oder ungeschrieben. Sie tolerieren keinen Herrn über sich. Die Folge ist letztlich Tyrannei. Das Übermaß von Freiheit führt zum Übermaß von Sklaverei, ...«* Was denken Sie darüber?

____

____

____

____

20. Inwieweit brauchen demokratische Länder offene Grenzen? Inwieweit werden sie durch offene Grenzen gefährdet? Wie lauten Ihre Gedanken dazu?

____

____

____

____

14. Demokratie verteidigen

1. Denken Sie, dass es demokratische Pflichten gibt? Wenn ja, welche? Inwieweit kommen Sie diesen nach?

____

____

____

____

2. Haben Sie es aus Angst, Feigheit oder Bequemlichkeit schon einmal unterlassen, Ihren Mund aufzumachen und es im Nachhinein bereut? Was haben Sie daraus gelernt?

____

____

____

____

____

3. Ein älterer Herr neben Ihnen an der Bushaltestelle schimpft über „die Ausländer". Reagieren Sie darauf? Wenn ja, wie?

____

____

____

____

____

4. Würden Sie demokratisch gefallene Entscheidungen gegen Feinde der Demokratie verteidigen, auch wenn Sie selbst anderer Meinung sind?

____

____

____

____

5. Ihr bester Freund radikalisiert sich immer mehr, und plant in den Untergrund zu gehen, um gegen die Demokratie zu kämpfen. Mit Ihren Argumenten erreichen Sie ihn nicht mehr. Was machen Sie?

____

____

____

____

____

6. Ein Gedankenexperiment: Stellen Sie sich vor, es käme über Nacht zu einem gewaltsamen Putsch und Sie würden sich in einer Militärdiktatur wiederfinden. Was würden Sie tun? Wären Sie bereit ins Gefängnis zu gehen, um Ihre Meinungsfreiheit zu verteidigen?

____

____

____

____

____

7. Können Sie sich Bedingungen vorstellen, die einen Militärputsch gegen demokratisch gewählte Regierungen rechtfertigen würden? Oder ist ein Militärputsch unter demokratischen Gesichtspunkten immer schlecht?

---

8. Folgendes Szenario: Ihr Land hat sich durch einen gewalttätigen Putsch in eine lupenreine Diktatur verwandelt. Durch Zufall ergibt sich die Möglichkeit, dass ausgerechnet Sie den Diktator beseitigen und dadurch wieder demokratische Verhältnisse ermöglichen könnten. Mit 50%-er Wahrscheinlichkeit könnte die Sache jedoch schiefgehen und Sie selbst hingerichtet werden. Was machen Sie?

---

9. Vom mexikanischen Revolutionär Emiliano Zapata ist der Ausspruch *»Besser aufrecht sterben, als auf den Knien leben«* überliefert. Was ist Ihnen prinzipiell mehr Wert: Ihre Freiheit oder Ihr Leben?

---

10. Viele Diktatoren sind durch reguläre demokratische Wahlen an die Macht gekommen. Wie muss eine Demokratie beschaffen sein, damit sie die Wahl eines Autokraten übersteht?

____

____

____

____

11. Kann es im Sinne der Demokratie sein, Gesetze zu missachten und zu übertreten? Wenn ja, wann und wie?

____

____

____

____

12. Was verstehen Sie unter zivilem Ungehorsam? Unter welchen Umständen würden Sie selbigen praktizieren?

____

____

____

____

13. Was halten Sie für demokratischer: zivilen Ungehorsam oder unzivilen Gehorsam?

____

____

____

____

15. Kapitalismus

1. Von der deutschen Bundeskanzlerin Angela Merkel stammt der Ausdruck der „marktkonformen Demokratie". Was denken Sie sind die Unterschiede zwischen einer marktkonformen Demokratie und einer markt*non*konformistischen Demokratie?

____

____

____

____

____

2. Gehen Sie davon aus, in einer marktkonformen Demokratie zu leben? Wenn ja: Woran machen Sie das fest?

____

____

____

____

____

3. Was ist Ihnen lieber und warum: eine marktkonforme Demokratie oder demokratiekonforme Märkte?

____

____

____

____

4. Wie sehen Sie die Beziehung von Demokratie und Kapitalismus: Sind es Freunde? Ein Liebespaar? Feinde? Verwandte? Mitglieder einer Familie? Sklave und Sklavenhalter? Voneinander Abhängige? Etwas ganz Anderes?

____

____

____

____

____

5. Ist Demokratie ohne Kapitalismus denkbar? Funktioniert Kapitalismus ohne Demokratie? Sind „wahre" Demokratie und „echter" Kapitalismus gleichzeitig möglich?

____

____

____

____

____

6. Was denken Sie, welchen Einfluss die Globalisierung auf die Demokratie hat? Welche Einflussmöglichkeiten haben demokratische Staaten auf die Globalisierung?

____

____

____

____

____

7. Der Job von Lobbyisten ist es, durch das gezielte Einwirken auf Politiker, Gesetzgebungsvorgänge und Medien die Interessen bestimmter Gruppen zu vertreten. Lobbyismus findet im Spannungsfeld zwischen absolut rechtmäßiger Interessenvertretung und möglicher Unterwanderung demokratischer Grundprinzipien statt. Was denken Sie: Wie könnte es gelingen, dass Gruppen ihre gemeinsamen, rechtmäßigen Interessen öffentlich und gegenüber der Politik vertreten, ohne dass dies einen fahlen Beigeschmack von Korruption und Manipulation bekommt? Welche Rahmenbedingungen und Regeln könnten hierbei hilfreich sein?

16. Populismus

1. Misstrauen gegen Eliten, einfache Lösungen für komplexe Probleme, Zukunftsängste, Hang zu Verschwörungstheorien, Gefühle von Neid und Missgunst, ein „die-anderen-sind-gegen-uns"-Denken, die Betonung des „gesunden Menschenverstandes", eine „man-wird-doch-wohl-nochmal-sagen-dürfen"-Haltung, Angst vor (dem) Fremden - so in etwa lautet das Soziogramm einer von Populisten verführten Masse. Inwieweit erkennen Sie sich darin wieder?

____

____

____

____

2. Verschwörungstheorien haben den Charme, die Komplexität der Welt und beunruhigende Entwicklungen auf einfache, leicht nachvollziehbare Zusammenhänge herunterzubrechen. Da Verschwörungen von Natur aus im Geheimen stattfinden, lassen sie sich kaum wiederlegen. Sie bieten also keinen Ansatzpunkt für vernünftige Gegenargumente. Neigen Sie dazu, Verschwörungstheorien anzuhängen?

____

____

____

____

3. Vom deutsch-schweizer Psychiater und Philosophen Karl Jaspers stammt der Satz *»Die Demokratie setzt die Vernunft im Volke voraus, die sie erst hervorbringen soll.«* Ist Demokratie folglich ein Projekt, dass nur funktioniert, wenn die breite Masse der Bevölkerung es immer wieder schafft, sich nicht von Ängsten und Emotionen die Möglichkeit der freien, vernünftigen Meinungsbildung einschränken zu lassen?

____

____

____

____

____

4. Eine Theorie beschäftigt sich mit der Anfälligkeit von Menschen, vermeintlich „starken Männern" zuzujubeln. Sie geht davon aus, dass vor allem Menschen, die sich durch äußere Umstände rasch verängstigen lassen und einen verminderten Selbstwert haben, dazu tendieren, Rattenfängern blind hinterherzulaufen. Das würde auch bedeuten, dass die Bevölkerungen in Ländern, in denen der Populismus gegenwärtig Oberwasser hat, sich tendenziell minderwertig fühlen. Was denken Sie über diese Theorie?

____

____

____

____

____

5. Populisten nutzen gerne die Meinungs-, Presse- und Versammlungsfreiheit der Demokratie für ihre volksverführerischen Zwecke. Müssen offene Gesellschaften so etwas aushalten können? Selbst wenn es das Risiko einer zunehmenden ideologischen Radikalisierung von breiten Bevölkerungsschichten bedeutet? Wie kann demokratischen Gesellschaften der Spagat zwischen den Werten „gleiche Freiheit für alle" und „Schutz der Freiheit" gelingen?

---

6. Wenn die Demokratie abgeschafft und durch einen autoritären Herrscher ersetzt würde: Was wäre es, dass Sie am meisten vermissen? Gibt es auch Aspekte, die Sie begrüßen würden?

---

7. Haben radikale Vorstellungen schon einmal Anziehungskraft auf Sie ausgeübt? Welche Bedürfnisse in Ihnen spricht das an?

---

8. Haben Sie gerne Macht über Dinge, Menschen, Situationen? Findest Sie Macht sexy?

____

____

____

____

____

9. Wollen Menschen mit starker Hand regiert werden? Wollen Sie es?

____

____

____

____

____

10. Wünschen Sie sich manchmal einen weisen, gerechten König mit umfangreichen Regierungs-vollmachten? Wenn ja, warum? Welche Sehnsüchte spricht das in Ihnen an? Was müssen Sie „aushalten", wenn Sie einen solchen König nicht bekommen?

____

____

____

____

____

____

11. Welche Gefühle könnte ein Populist in Ihnen ansprechen, um Ihre Aufmerksamkeit zu gewinnen? Mit welchen Versprechen müsste ein Populist locken, um Sie zu verführen?

____

____

____

____

12. Bei Entscheidungen spielen Gefühle eine wichtige Rolle. Auch Regierungsverantwortliche haben Gefühle. Welche Rolle sollten oder dürfen deren Gefühle bei den Entscheidungen spielen, die sie für die Gemeinschaft treffen?

____

____

____

____

13. Wäre es gut, in demokratischen Abläufen Mechanismen zu haben, die für die Rationalität von Entscheidungen sorgen? Wenn ja, wie könnten solche Mechanismen aussehen? Wäre es andersherum auch gut, Mechanismen zu haben, die gerade für die emotionale Färbung von Entscheidungen sorgen?

____

____

____

____

14. Angenommen es gäbe eine Art „mentale Impf-
ung" gegen Populismus. Was denken Sie wie so eine
Impfung aussehen könnte? Welche wichtigen
Bestandteile hätte sie?

17. Grenzgänge der Demokratie

1. Sollten Politiker nur handeln, wenn sie sicher sind das Richtige zu tun? Wenn nicht: Wie unsicher darf ein Politiker sich einer Sache sein und trotzdem handeln?

____

____

____

____

____

2. Wie viele und welche Risiken dürfen Politiker den Wählern mit ihren Entscheidungen zumuten? Gibt es rote Linien, und wenn ja welche?

____

____

____

____

3. Finden Sie es vertretbar, wenn demokratisch gewählte Regierungen das Gespräch mit Autokraten, Diktatoren und Despoten suchen? Was spricht dafür, was dagegen?

____

____

____

____

4. Dürfen Demokraten mit Autokraten Händel treiben, wenn dies zu beiderseitigem Nutzen geschieht? Wie sehr darf ein realpolitischer Zweck die Mittel heiligen und über moralische Zweifel hinweghelfen?

____

____

____

____

5. Kann man Demokratie mit Macht und Gewalt erzwingen?

____

____

____

____

6. Wie viel Nationalismus verträgt die Demokratie?

____

____

____

____

7. Wie viel Religion verträgt die Demokratie? Wie sehr sollten, wie sehr müssen Staat und Kirche(n) voneinander getrennt sein?

____

____

____

____

8. Gedankenexperiment 1): Sie sind ein demokratisch gewählter Regierungschef. Ein Flugzeug mit 43 Passagieren ist von Terroristen gekapert worden. Die Entführer wollen es als lebende Bombe in ein volles Fußballstadion steuern. Sie haben die Möglichkeit das Flugzeug abschießen zu lassen und könnten so womöglich Tausenden das Leben retten. Was machen Sie? Was ist richtig?

____

____

____

____

____

9. Gedankenexperiment 2): Ein Gruppe Schulkinder ist entführt worden. Der Entführer kann rasch ermittelt und festgenommen werden. Den geheimen Aufenthaltsort der Kinder gibt er jedoch nicht preis. Wenn sie nicht rasch gefunden werden, müssen sie sterben. Soll das demokratische Rechtssystem für diesen Fall die Folter des Entführers vorsehen, um den Aufenthaltsort der Kinder herauszubekommen? Wäre ein derartiges Rechtssystem noch demokratisch? Und was soll der Polizeichef machen? Kann er aus der Situation herauskommen, ohne sich moralisch schuldig zu machen?

____

____

____

____

____

10. Wie stehen Sie dazu, wenn Grundrechte im Namen der Demokratie für eine Zeitlang außer Kraft gesetzt werden („Ausnahmezustand", „Notstandsverordnung")? Inwieweit kann dies der Demokratie nutzen? Wie lauten die Risiken und Nebenwirkungen? Wie viel Freiheit darf Regierenden ge-währt werden, um zum vermeintlichen Schutz der Freiheit die Freiheit der Bevölkerung einschränken zu dürfen?

____

____

____

____

11. Müssen demokratisch gewählte Politiker das Volk gelegentlich belügen, um in Volkes Namen zu handeln? Handeln Politiker verantwortlich, wenn stets die Wahrheit sagen? Kann sich ein demokratischer Staat unbegrenzte Transparenz leisten?

____

____

____

____

12. Muss eine Demokratie undemokratische Strukturen, wie beispielsweise einen Geheimdienst, haben, um eine Demokratie bleiben zu können?

____

____

____

____

13. Nehmen wir an, das Regierungssystem in Ihrem Land wäre gegen jede Form der Einflussnahme durch die Bürger abgeschottet. Nehmen wir weiter an, Sie hätten Arbeit, Geld, Reise- und Konsumfreiheit, aber keinerlei Möglichkeit der politischen Teilhabe und demokratischen Mitbestimmung. Würden Sie die Demokratie dann vermissen? Wenn ja, was genau? Warum? Wenn nein: Wachen Sie auf.

18. Zukunft der Demokratie

1. Wenn es eine Möglichkeit gäbe, die Zukunft der gesellschaftlichen Verhältnisse vorauszusehen: Was würden Sie wissen wollen? Was würde es für Sie bedeuten, dieses Wissen zu haben?

____

____

____

____

2. Manche gehen davon aus, dass sich die Demokratie früher oder später überall auf der Welt durchsetzen wird. Zeugt das von Naivität im Endstadium, oder ist da was dran? Wie ist Ihre Meinung dazu?

____

____

____

____

3. Was denken Sie: Ist Demokratie das natürliche Reifestadium einer entwickelten Gesellschaft, nur ein Zwischenschritt oder gar eine zivilisatorische Sack-gasse?

____

____

____

____

4. Falls nach der Demokratie etwas Anderes kommt, was könnte das sein?

____

____

____

____

5. Wie vertragen sich Demokratie und Weisheit Ihrer Meinung nach? Wo widersprechen sich beide? Wie ließe sich das Beste von beiden gut vereinen?

____

____

____

____

6. Es gibt Fachleute die betonen, dass die heutigen Demokratien für die Verhältnisse des auslaufenden 18. und des 19. Jahrhunderts gemacht wurden: langsame und begrenzte Kommunikation, stark eingeschränkte Verfügbarkeit von Informationen, wenige Medien, gemächliche Entwicklungen, etc. Entweder müsste die Demokratie deshalb viel schneller und interaktiver werden - oder man bräuchte Mechanismen um die Realität abzubremsen und an die Langsamkeit bisheriger demokratischer Prozesse anzupassen. Was denken Sie?

____

____

____

____

7. Stellen Sie sich vor, das Kreuz in der Wahlkabine würde durch einen „Klick" im Internet abgelöst werden. Würde diese Art des Wählens einen Unterschied für Sie machen? Wenn ja, welchen?

____

____

____

____

____

____

8. Was denken Sie, welche Rolle das Internet für die Zukunft der Demokratie spielen wird?

____

____

____

____

____

____

9. Was denken Sie, welche Rolle die Fortschritte im Bereich der Künstlichen Intelligenz für die Zukunft der Demokratie spielen werden?

____

____

____

____

____

10. Was halten Sie von Vorschlägen, Gesetzestexte als offenes Dokument im Internet von der Crowd erarbeiten zu lassen? Jeder interessierte Bürger könnte daran mitarbeiten, ähnlich wie bei Wikipedia. Parlamente könnte dann über solche „Community-Gesetze" abstimmen, oder sie auch mit einem Vetorecht stoppen.

____

____

____

____

____

____

____

11. Es gibt die Idee, statt der Wahl von Volksvertretern einfach das Zufallsprinzip zu nutzen. So könnten alle paar Jahre 300 Bürger per repräsentativer Stichprobenziehung aus der Gesamtbevölkerung zum Volksvertreter auf Zeit ernannt werden. Welche Vor- und Nachteile hätte das? Was halten Sie von dem Gedanken?

____

____

____

____

____

____

____

12. Laut dem „Ehernen Gesetz der Oligarchie" des deutsch-italienischen Soziologen Robert Michels tendieren alle Organisationen (Parteien, Verwaltungen, ganze Länder, etc.) nach einer gewissen Zeit dazu, Machteliten herauszubilden. Diesen Oligarchien gehe es nicht mehr um den ursprünglichen Zweck der Organisation. Die Organisation werde zum Selbstzweck des eigenen Machterhaltes. Um dem entgegenzuwirken, wird mancherorts darüber nachgedacht, wie die Demokratie „fluider" gestaltet werden könnte. Was denken Sie darüber? Was fällt Ihnen dazu ein?

____

____

____

____

____

13. Die Menschen engagieren sich zunehmend weniger in den etablierten Parteien, dafür immer mehr im Netz. Haben die alten Parteien möglicherweise ausgedient? Oder werden sie dringend gebraucht? Wozu sind Parteien noch gut? Könnte die Demokratie auch ohne Parteien auskommen? Wenn ja, wie könnte das aussehen?

____

____

____

____

____

____

14. Gibt es eine infektiöse westliche Krankheit, die man als „Demokratie-Ermüdungs-Syndrom" bezeichnen könnte, wie der belgische Historiker David Van Reybrouck es beschreibt: Schrei nach Referenden und direkten Demokratieelementen, Versinken klassischer Parteien in der Bedeutungslosigkeit, abnehmende Wahlbeteiligung, Regierungsimpotenz, politische Lähmung, weitverbreitetes öffentliches Misstrauen, Zulauf zu Populisten und extremen Parteien? Wenn ja: Wie lautet Ihr Therapievorschlag? Was könnten Sie zur Heilung beitragen? Oder ist die Demokratie bereits auf der Palliativstation und es geht nur noch um Sterbebegleitung? Oder ist die Demokratie gar nicht krank, sondern schwanger, liegt bereits in den Wehen, und gebärt demnächst etwas Wunderbares, Neues?

____

____

____

____

____

15. Können Sie sich gute Alternativen zur Demokratie vorstellen? Wenn ja, wie könnten solche Alternativen aussehen?

____

____

____

____

____

16. Wenn es eine bessere Gesellschaftsform als die Demokratie gäbe, wie könnte die Demokratie sich dann abschaffen?

____

____

____

____

____

17. Würden Sie die Demokratie abschaffen, wenn es eine unendlich schlaue, moralisch aufrichtige Maschine gäbe, die Entscheidungen weise treffen und die Regierungsverantwortung übernehmen könnte?

____

____

____

____

____

18. Kann die Demokratie das Recht auf die Demokratie verspielen?

____

____

____

____

____

19. Wie sollte sich die Demokratie Ihrer Meinung nach weiterentwickeln? Welche Ideen haben Sie? Was könnten Sie dazu beitragen?

20. Welche Fragen sollte man noch stellen?

Test:
Wie anfällig bin ich für Populismus?

Was ist eigentlich ein Populist, was Populismus? Warum soll es wichtig sein, ob ich anfällig für Populismus bin?

Wer „dem Volk aufs Maul" schaut, mag sich populär gebärden. Aber ein Populist ist er oder sie deshalb noch nicht. Wer Befürchtungen von Bürgern thematisiert, an Eliten Kritik übt, charismatisch auftritt und es versteht, Wähler zu berühren, ist es auch noch nicht. Waschechte Populisten haben einen moralischen Alleinvertretungsanspruch. Sie behaupten, die alleinigen Vertreter des „echten" Volkes zu sein. Sie sagen: *»Wir sind das Volk! »* und nicht *»Auch wir sind Teil des Volkes»*. Sie haben den Anspruch, dass nur sie es sind, die das Volk repräsentieren dürfen – alle anderen sind nicht legitim. Damit sind Populisten im Kern antipluralistisch, und somit zutiefst antidemokratisch. Wer sich ihnen nicht anschließt, gehört ihrer Lesart nach zwangsläufig nicht zum wahren Volk und stellt sich dem Volkswillen entgegen - Volksfeinde.

Wer anfällig für Populismus ist, ist gefährdet „fremdzugehen" und über kurz oder lang die Demokratie zu betrügen. So wie chronische Seitensprünge meist das Ende einer Beziehung einläuten, so sind längere Flirts größerer Bevölkerungsanteile mit

Populisten häufig der Beginn des Endes demokratischer Verhältnisse. Irgendwann, meist viel zu spät, registrieren die Fremdgeher, dass sie es sind, die nach Strich und Faden betrogen wurden – von den Populisten. Der Preis ist die eigene Freiheit. Rechtstaatlichkeit. Menschenrechte. Manchmal der Frieden.

Immer wieder in der Demokratiegeschichte haben es geschickte Demagogen verstanden, Millionen von Menschen zu verführen und Demokratien schleichend in Autokratien zu verwandeln. Und auch heute sind populistische Verführer wieder in vielen Ländern am Werk und verzeichnen zunehmend Erfolge. Sie adressieren Bedürfnisse und machen Versprechungen. Sie bieten ihren Anhängern innige, emotionale Beziehungen zu sich als Anführern und Bewahrern des Wahren und Guten an. Sie schenken Identität und schmeicheln dem Selbstwert der Umworbenen, indem sie Andersdenkende und Andersgläubige abwerten und ausgrenzen: *»Vor allem du, mein Volk, bist es wert, geliebt zu werden. Du bist etwas ganz Besonderes.«*

Wer hört nicht hin- und wieder gerne, dass er etwas Besonderes ist? Wer wird nicht gerne umworben? Wer möchte nicht gerne Teil von etwas moralisch Höherwertigem, besonders Aufrichtigem sein? Wer findet es in einer unübersichtlichen, globalisierten Welt nicht bisweilen verführerisch, die Welt in Schwarz und Weiß sortiert zu bekommen, und dabei selbst auf der richtigen Seite zu stehen? Dort die abgehobenen, verschworenen Eliten und hier wir, das gemeine Volk? Dort die gemeinen Nutznießer, ausländischen Agenten und Feinde des Volkes, und hier die Nation, der normale Bürger, die ehrlichen Menschen? Wer möchte in komplizierten Zeiten nicht gerne hören, dass sein gesunder Menschenverstand viel wichtiger ist als vermeintliche Tatsachen und Expertenmeinungen?

Populisten sprechen Bedürfnisse an, und sie erzeugen sie. Nicht um sie zu stillen, sondern um sie für ihre Zwecke auszunutzen. Umso wichtiger ist es, Populisten nicht auf den Leim zu gehen. Es gilt, sich des Ausmaßes der eigenen Empfänglichkeit für populistische Verführungsversuche bewusst zu sein. Dazu dient dieser „Test". Er soll wachsam machen und das eigene, psychische Immunsystem stärken.

Zur Durchführung: Auf den folgenden drei Seiten finden Sie 27 Aussagen. Lesen Sie diese der Reihe nach sorgfältig durch. Geben Sie bei allen jeweils spontan an, ob Sie eher zustimmen oder eher nicht. Zählen Sie danach die Anzahl der Aussagen zusammen, denen Sie eher zustimmen (= Testwert). Auf S. 115 erfahren Sie dann durch die Einordnung Ihres Testwertes, wie anfällig Sie tatsächlich für Populismus sind.

	stimme eher zu	stimme eher *nicht* zu
Das gemeine Volk ist den Politikern meist ziemlich egal.	○	○
Mit den Feinden unserer Lebensweise wird zu lasch umgegangen.	○	○
Manchmal ist es besser, wenn die Macht in der Hand weniger liegt.	○	○
Reformen reichen nicht aus – wir brauchen eine Revolution.	○	○
Politiker kümmern sich nicht um Leute wie mich.	○	○
Medien und Machteliten haben sich gegen das Volk verschworen.	○	○
Unser Volk hat anderen vieles voraus.	○	○
Es wird Zeit, dass endlich mal aufgeräumt wird.	○	○
Hierzulande werden Kritiker schnell als Extremisten abgestempelt.	○	○

	stimme eher zu	stimme eher *nicht* zu
Im Parlament sitzen nicht die wahren Repräsentanten des Volkes.	○	○
Vielleicht sind Autokraten manchmal die besseren Regierenden.	○	○
Die Menschen in unserem Land benötigen eine einheitliche Identität.	○	○
Es braucht mehr Leute die aussprechen, was das Volk denkt.	○	○
Gesunder Menschenverstand ist manchmal wichtiger als Argumente.	○	○
Die politischen Eliten sind korrupt, abgehoben und arrogant.	○	○
Es sollte besser kontrolliert werden, was die Medien von sich geben.	○	○
Die Politiker bevormunden uns Bürger wie Kinder.	○	○
Meine Nation ist wichtiger als andere.	○	○

	stimme eher zu	stimme eher *nicht* zu
Die Eliten versuchen die Wahrheit der Zustände zu verbergen.	○	○
Gerade eine unübersichtliche Welt verlangt eindeutige, klare Lösungen.	○	○
Erst kommen unsere Interessen, dann die der anderen.	○	○
Bei der Durchsetzung der richtigen Ansichten darf man nicht zu zimperlich sein.	○	○
Die etablierten Parteien stecken letztlich alle unter einer Decke.	○	○
Journalisten sollten nicht alles äußern dürfen, was sie wollen.	○	○
Ein Land braucht charismatische Führungspersonen.	○	○
Ich wünsche mir Mutige, die ohne Tabu sagen, wie es wirklich ist.	○	○
Das einfache Volk wird von den Eliten für dumm verkauft.	○	○

Testwerte: 0-2
Anfälligkeit: gering

Ihre Anfälligkeit für Populismus ist verschwindend niedrig. Sie sollten sich aber besser nie zu sicher sein und lieber auf der Hut sein.

Testwerte: 3-4
Anfälligkeit: mäßig

Bei Ihnen zeigen sich Anzeichen eines beginnenden populistischen Infektes. Achten Sie darauf, dass dieser sich nicht ausbreitet und zu einer echten Gefahr wird.

Testwerte: 5-7
Anfälligkeit: erheblich

Populistisches Gedankengut hat Ihre Psyche bereits erheblich befallen. Sie sollten dringend umfangreiche Gegen-maßnahmen einleiten (s. nächste Seite).

Testwerte: 7-9
Anfälligkeit: sehr groß

Ihr Verstand ist dabei, sich bald von sich selbst zu verabschieden und den Schlüssel zu Ihrem Denkorgan an Populisten auszuhändigen.

Testwerte: >10
Anfälligkeit: gigantisch

Populistisches Gedankengut hat Sie umfänglich infiziert. Sie sind auf dem besten Weg, Ihre Rechte und Freiheiten machthungrigen Autokraten zu opfern.

Anmerkungen zu Ihren Testergebnissen

Wir Menschen sind zahllosen Herausforderungen ausgesetzt: Existenzsorgen, gesellschaftliche Umwälzungen, Globalisierung, Unruhen, Gewaltverbrechen, Terror, Kriege. Demokratien haben keine umfassenden, einfachen und schnellen Lösungen anzubieten. Sie müssen sich von einem Kompromiss zum anderen mühselig durch die Komplexität der Welt vorwärtstasten. Damit verlangen sie ihren Bürgern häufig Befürchtungs- und Ungewissheitstoleranz, immer aber Geduld ab. Sie muten ihnen Frust zu.

Populisten punkten hingegen mit einfachen Weltdeutungen und dem Versprechen rascher Lösungen. Sie kanalisieren Befürchtungen und Frust und lenken beides auf die verhassten Eliten, freie Medien, unabhängige Gerichte, Minderheiten und Fremde. Sie beschwören den Niedergang, erzeugen und befeuern dadurch Ängste.

Liebe Leserin, lieber Leser, je höher Ihre Populismus-Gefährdungsstufe ausgefallen sein sollte, umso mehr sei Ihnen Folgendes an Herz gelegt:

Reden, diskutieren und streiten Sie mit Menschen, die andere Ansichten haben als Sie. Hören Sie sich unterschiedlichste Meinungen und entsprechende Begründungen an. Fragen Sie sich regelmäßig, wie man die Dinge noch anders sehen könnte als Sie selbst es tun. Beschäftigen Sie sich, gemeinsam mit anderen, mit Fragen wie in diesem Buch. Gestatten

Sie es sich selbst, fehlbar zu sein. *»Der Kopf ist rund, damit das Denken die Richtung wechseln kann»* (Francis Picabia). Führen Sie sich vor Augen, wie Sie in Ihrem Leben schon von der Toleranz anderer profitiert haben. Denken Sie darüber nach was Ihnen hilft, mit Ungewissheit gut umzugehen. Nutzen Sie die vielfältigen Möglichkeiten der demokratischen Teilhabe. Machen Sie sich klar, dass es „das Volk" nur in den Reden der Populisten gibt — in echt aber nur viele, viele, sehr unterschiedliche Menschen, mit unterschiedlichen Weltbildern, Ansichten und Lebensentwürfen, aber den absolut gleichen Rechten, vereint in einer Gesellschaft. Alle haben es verdient, eine Stimme zu bekommen und in Entscheidungsprozessen repräsentiert zu sein. Zweifel und Kompromiss sind weder Problem noch Schwäche. Sie sind Lösung und Antwort.

*»Aufklärung ist der Ausgang des Menschen aus
seiner selbst verschuldeten Unmündigkeit.
Unmündigkeit ist das Unvermögen, sich seines
Verstandes ohne Leitung eines anderen zu
bedienen.
Selbstverschuldet ist diese Unmündigkeit, wenn
die Ursache derselben nicht am Mangel des
Verstandes, sondern der Entschließung und des
Mutes liegt, sich seiner ohne Leitung eines
anderen zu bedienen.
Sapere aude!
Habe Mut dich deines eigenen Verstandes zu
bedienen! ist also der Wahlspruch der
Aufklärung.«*

Immanuel Kant
Was ist Aufklärung, 1784